竞技武术套路动作库

国家体育总局武术运动管理中心　审定

太极剑

人民体育出版社

图书在版编目（CIP）数据

太极剑 / 国家体育总局武术运动管理中心审定. --
北京：人民体育出版社, 2023
（竞技武术套路动作库）
ISBN 978-7-5009-6333-2

Ⅰ. ①太… Ⅱ. ①国… Ⅲ. ①剑术(武术)—套路
(武术)—中国 Ⅳ. ①G852.241.9

中国国家版本馆CIP数据核字(2023)第120246号

*

人民体育出版社出版发行
北京新华印刷有限公司印刷
新　华　书　店　经　销

*

710×1000　16开本　8.75印张　111千字
2023年9月第1版　　2023年9月第1次印刷
印数：1—3,000册

*

ISBN 978-7-5009-6333-2
定价：36.00元

社址：北京市东城区体育馆路8号（天坛公园东门）
电话：67151482（发行部）　　邮编：100061
传真：67151483　　邮购：67118491
网址：www.psphpress.com
（购买本社图书，如遇有缺损页可与邮购部联系）

编 委 会

动作示范（以姓氏笔画为序）

王子文　巨文馨　吕泰东　刘忠鑫　汤　露
孙培原　杜洪杰　李剑鸣　杨顺洪　张雅玲
张　黎　陈洲理　查苏生　姚　洋　常志昭
梁永达　童　心

为武术更加灿烂的明天

——总结经典 传承经典 创造经典

陈恩堂

竞技武术套路动作库从立项到推出，历时3年有余，历经艰辛探究，今日终于得以付梓，令人欣喜万分。我谨代表国家体育总局武术运动管理中心、武术研究院、中国武术协会，对竞技武术套路动作库出版成书表示热烈的祝贺！

中华武术源远流长，博大精深，是中华民族优秀传统文化的瑰宝。古往今来，在武术发展的历史长河中，产生了许多独具特色的拳种流派，涌现了许多身怀绝技的武林高手，流传着许多让人津津乐道的传奇故事。历代的武术先辈们给我们留下了丰厚的武术遗产。作为新时代的武术人，把这份丰厚的武术遗产继承好、发展好，是我们义不容辞的责任。

把武术先辈们留下的丰厚武术遗产继承好、发展好，首先就是要对其进行系统地总结，在总结的基础上加以传承，在传承的过程中进行创新。竞技武术套路动作库，正是遵循这样的思路，总结经典，传承经典，创造经典。

——总结经典。竞技武术套路动作库，当前共收录具有源流和传统名称的武术经典动作1941式，分为长拳、刀术、棍术、剑术、枪术、南拳、南刀、南棍、太极拳、太极剑共10个子库，如字典汇编，毫分缕析，系统总结了长拳、南拳、太极拳三大拳种的经典动作，规范了技术方法，确定了技术标准，突出武术技击本质，展示武术攻防内涵。每一个经典动作都有源流出处，都具有传统名称，不仅符合人民群众对武术古往今来的认知，更是彰显了中华传统文化符号的经典魅力，充分体现了中华文化自信。

——传承经典。竞技武术套路动作库，通过总结经典，实现武术经典动作的标准化和规范化，本身就是对武术历史经典的传承。这些标准化、规范化的经典动作，既可供武术专业运动员在比赛中选用，让运动员的整套动作演练更具可比性，更加符合现代奥林匹克运动的特征，同时，也适合广大武术爱好者尤其是青少年朋友学习掌握，将专业和业余打通，普及和提高一体。通过竞技武术套路动作库，每一个武术习练者、爱好者都会成为武术经典的传承者，武术文化的传播者。

——创造经典。竞技武术套路动作库，不仅是在总结经典、传承经典，也在创造经典。人民群众有无限的创造力。人民群众在历史上创造了武术的经典，今后也必将继续创造武术新的经典。当前收录的1941个武术经典动作只是动作库的首期工程，今后每年都会更新，进行动态调整。创新动作经过中国武术协会审定通过后，将会成为竞技武术套路动作库的一部分，这充分体现了对中华优秀传统文化的创造性转化、创新性发展。

竞技武术套路动作库的推出，是武术运动科学化、标准化的又一重要标志，是武术运动发展史上具有里程碑意义的大事，凝结了全体武术人的智慧和汗水。在此，我谨以国家体育总局武术运动管理中心、武术研究院、中国武术协会的名义，向所有为竞技武术套路动作库付出不懈努力的武术前辈、专家、运动员、教练员、裁判员和工作人员们表示衷心的感谢！向所有关心支持武术事业改革发展的各界人士表示衷心的感谢！

国运兴则体育兴，国运兴则武术兴。在中华民族伟大复兴的新征程上，作为中华民族传统体育项目和优秀传统文化的代表，武术必将在体育强国、文化强国和健康中国建设中发挥着独特作用。竞技武术套路动作库，是武术发展的新的起点，为武术在更高水平的传承和繁荣开辟了新的道路，为武术进一步现代化、国际化奠定了重要基础，为武术走向奥林匹克大舞台迈出了坚实步伐。我们相信，以此作为新的起点，通过全体武术人的团结奋斗，武术的魅力将更加显现，武术的未来将更加美好！

2023年7月1日

（作者为国家体育总局武术运动管理中心主任、党委书记，国家体育总局武术研究院院长，中国武术协会主席）

CONTENTS / 目录

1 步型

1.1 弓步

弓步 001
传统术语：青龙出水（陈式）。
现代术语：弓步平刺。
源流：陈式四十九式太极剑第四式、第七式。
技法：刺。

动作过程：（1）重心移至右腿，左脚向左前方上步；同时，右手持剑由右经左回抽至右肋前，手心向上，剑尖向左；左手剑指轻附于剑把上，双手手心相对；目视剑尖方向。
（2）身体微左转，重心移至左腿成左弓步；同时，右手持剑向前平刺，剑尖与胸同高，手心向上；左手剑指经身体前方举至左额上方，手心向上，指尖向右；目视剑尖方向。

动作要点：手臂与剑呈一直线；力达剑尖。

弓步 002

传统术语：饿虎扑食（陈式）。

现代术语：弓步平刺。

源流：陈式四十九式太极剑第十七式。

技法：刺。

动作过程：（1）重心移至右腿，左脚向左前方上步；同时，双手持剑平抱于腹前，剑尖向前，手心均向上；目视前方。

（2）身体微左转，重心移至左腿成左弓步；同时，双手持剑向前平刺，剑尖与胸同高，手心向上；目视前方。

动作要点：弓步与平刺协调一致；力达剑尖。

弓步 003

传统术语：韦陀献杵（陈式）。

现代术语：弓步平刺。

源流：陈式四十九式太极剑第四十七式。

技法：刺。

动作过程：（1）身体左转，左脚尖微外展；同时，右手持剑收至右腰间，剑尖向左前方，手心向上；左手剑指与右肩平；目视左前方。

（2）重心移至左腿，右脚向左前方上步成右弓步，随上步身体左转；同时，右手持剑向前平刺，手心向上；左手剑指回抽至左腰间，手心向上；目视剑尖。

动作要点：上步、转身刺剑协调一致；力达剑尖。

弓步 004

传统术语：青龙转身（陈式）。

现代术语：弓步平刺。

源流：陈式四十九式太极剑第九式。

技法：刺。

动作过程：（1）重心移至左腿，身体左转，右腿屈膝提起；同时，右手持剑收于右腹前，手心向上，剑尖向前；左手剑指向下由左腰间摆至左前方，手心向上；目视左前方。

（2）右脚向前震脚落地，左脚向前上步，随即右腿发力蹬脚转腰成左弓步；同时，右手持剑向左前方平刺，手心向上，剑尖向前；左手剑指收于左腰间；目视剑尖方向。

动作要点：提右脚向前迈步时可做跳步；刺剑与蹬脚转腰协调一致；力达剑尖。

弓步 005

传统术语：野马跳涧（陈式）。

现代术语：弓步平刺。

源流：陈式四十九式太极剑第二十式。

技法：刺。

动作过程：（1）右腿提膝成左独立步；同时，右手持剑与左手合抱于腹前，剑尖向前，手心均向上；目视前方。

（2）右脚向前上步，随即左脚、右脚依次向前跳步成右弓步；同时，双手持剑向前平刺，剑尖向前，剑与胸同高，手心均向上；目视前方。

动作要点：跳跃步轻灵，动作连贯；弓步与刺剑协调一致；力达剑尖。

弓步 006

传统术语：罗汉降龙（陈式）。

现代术语：弓步反刺。

源流：陈式四十九式太极剑第二十四式。

技法：刺。

动作过程： 重心移至右腿，上体左转，左脚向前上步成左弓步；同时，右手持剑由右向左斜下方反刺，手腕与头同高，剑尖与肩同高；左手作为支点撑于右腕内侧；目视剑尖方向。

动作要点： 反刺剑与弓步协调一致；力达剑尖。

弓步 007

传统术语：哪吒探海（陈式）。

现代术语：弓步下刺。

源流：陈式四十九式太极剑第四十五式。

技法：刺。

动作过程：（1）右腿提膝成左独立步；同时，右手持剑与左手合抱于腹前，剑尖向前，手心均向上；目视前方。

（2）右脚向前上步，随即左脚、右脚依次向前跳步成右弓步；同时，双手持剑向前下方平刺，手腕与腰同高；目视刺剑方向。

动作要点：跳跃步轻灵，动作连贯；弓步与刺剑协调一致；力达剑尖。

弓步 008

传统术语：上下斜刺（陈式）。

现代术语：弓步上下斜刺。

源流：陈式四十九式太极剑第四十三式。

技法：刺。

动作过程：（1）重心移至右腿，身体右转；同时，右手持剑由身体左侧向右反手撩剑，剑尖向左下方，手心向外；左手剑指附于右腕内侧；目视剑尖方向。

（2）重心移至左腿，右脚收至左脚内侧；同时，双手持剑合于腹前，剑尖向右前上方；目视右前方。

（3）右脚上踢，左脚跳步，落地后成右弓步；双手持剑向右上方刺剑；目视刺剑方向。

（4）身体左转，重心保持在右腿；双手持剑向左下方摆至右胸前；目随剑转视左下方。

（5）身体微左转，重心移至左腿成左弓步；同时，双手持剑随重心移动向左下方刺剑；目视刺剑方向。

动作要点：刺剑与重心转换协调一致；力达剑尖。

弓步 009

传统术语：燕子啄泥（陈式）。

现代术语：弓步点剑。

源流：陈式四十九式太极剑第二十六式。

技法：点。

动作过程：（1）右手持剑，左手剑指，双手经体前向两侧打开，与肩同高，剑尖向右，手心向上，剑指向左；目视前方。

（2）重心移至左腿，右脚向前上步；同时，双手由身体两侧合于两耳旁，手肘向下，剑尖向后，手心均向内；目随剑转视前方。

（3）重心移至右腿成右弓步；同时，右手持剑向前点剑，手腕与肩同高；左手剑指附于右腕处；目视剑尖方向。

动作要点：右手持剑立剑提腕点击；力达剑峰。

弓步 010

传统术语：展翅点头（陈式）。

现代术语：弓步点剑。

源流：陈式四十九式太极剑第十一式。

技法：撩、点。

动作过程：（1）重心移至左腿，右脚向右开步；同时，右手持剑向上架于额前，剑尖向右；左手剑指始终附于右腕处，手心向外，指尖向右；目视双手。

（2）重心右移，左脚向右腿后插步成右歇步，身体微左倾；同时，右手持剑由左经下向右上方反撩剑；左手剑指向左外撑，与肩同高；目视撩剑方向。

（3）重心移至左腿，右脚向右开步；同时，右手持剑经下向左挂剑至左胯前，剑尖向左；左手剑指附于右腕处，手心向下；目视双手。

（4）身体微右转，重心移至右腿成右弓步；同时，双手持剑由左向上挂剑，剑与胸同高时向右下方点剑；目视点剑方向。

动作要点：歇步与撩剑协调一致，力达剑身前部；弓步与点剑协调一致，力达剑锋。

弓步 011

传统术语：黑熊翻背（陈式）。

现代术语：弓步劈剑。

源流：陈式四十九式太极剑第二十五式。

技法：劈。

动作过程：（1）左脚内扣，身体转向右后方，右腿提膝成左独立步；同时，双手持剑由下向上摆至左肩上方，剑尖向后，略低于剑把；目视转身方向。

（2）右脚向前震脚发力成右弓步；同时，双手持剑向前下方发力劈剑，手腕与腰同高；目视劈剑方向。

动作要点：弓步发力与劈剑协调一致；力达剑身。

弓步 012

传统术语：翻身下劈剑（陈式）。

现代术语：弓步劈剑。

源流：陈式四十九式太极剑第八式。

技法：劈。

动作过程：（1）重心移至左腿，左脚内扣，右腿提膝成左独立步；同时，右手持剑向上翻架；左手剑指附于右前臂内侧，随翻架向下撑按至腹前；目视前方。

（2）右脚向右震脚发力成右弓步；同时，右手持剑向右下方发力劈剑；左手剑指向左上方撑架，手心向外；目视劈剑方向。

动作要点：提膝与架剑协调一致；震脚与劈剑协调一致；力达剑身。

弓步 013

传统术语：怪蟒翻身（陈式）。

现代术语：弓步劈剑。

源流：陈式四十九式太极剑第四十六式。

技法：劈。

动作过程： 右脚以脚跟为轴向右外展，重心移至右腿，随即以右脚脚前掌为轴蹍转，左脚快速向前上步，向右转身180°成右弓步；同时，右手持剑由下向前、向上撩剑，与头同高时向右下方发力劈剑，止于右膝上方；左手剑指附于右前臂内侧，发力劈剑时向左上方撑架，与头同高，手心斜向上；目视劈剑方向。

动作要点： 转身上左步与劈剑协调一致；力达剑身。

弓步 014

传统术语：左托千斤（陈式）。

现代术语：弓步横推。

源流：陈式四十九式太极剑第三十八式。

技法：推。

动作过程：（1）重心左移，右腿屈膝提起；同时，双手持剑平举至与胸同高，剑尖向右；目视前方。

（2）右脚震脚发力，随即左脚向前上步成左弓步；同时，双手持剑经腹前提至与胸同高后向前平推，剑尖向右；目视推剑方向。

动作要点：双手推剑与蹬腿转腰协调一致；力达剑身中部。

弓步 015
传统术语：右托千斤（陈式）。
现代术语：弓步横推。
源流：陈式四十九式太极剑第三十九式。
技法：推。

动作过程：（1）重心右移，左腿屈膝提起；同时，双手持剑平收于胸前，剑尖向左；目视右前方。
（2）左脚震脚发力，随即右脚向前上步成右弓步；同时，双手持剑向前平推，与胸同高，剑尖向左；目视推剑方向。
动作要点：双手推剑与蹬腿转腰协调一致；力达剑身中部。

弓步 016
传统术语：白猿献果（陈式）。
现代术语：弓步平斩。
源流：陈式四十九式太极剑第四十一式。
技法：斩。

动作过程：（1）起始为右弓步。重心移至左腿，身体后仰；同时，右手持剑，左手剑指，双手同时由体前随身体后仰经面前向身体两侧云抹。
（2）重心移至右腿成右弓步，身体前倾；同时，双手由身体两侧向前合抱，左手剑指变掌，剑尖斜向下，手心均向上；目随剑转视剑尖方向。

动作要点：后仰云抹、前倾合抱协调一致；力达剑身中部。

弓步 017

传统术语：青龙出水（杨式）。

现代术语：弓步上刺。

源流：杨式六十七式太极剑第二十三式。

技法：刺。

动作过程：（1）右脚向右前方上步，身体右转，重心移至右腿；同时，右手持剑由左向右带剑，收至右腰间，手心向下；左手剑指附于右腕内侧；目视右手。

（2）左脚向左前方上步成左弓步；右手持剑向左上方刺出，手心向上；左手剑指架于左额斜上方，手心斜向上；目视刺剑方向。

动作要点：以腰带剑，向斜上方刺出；力达剑尖。

弓步 018

传统术语：燕子入巢（杨式）。

现代术语：弓步下刺。

源流：杨式六十七式太极剑第九式。

技法：刺。

动作过程：（1）左脚向右后方撤步；右手持剑，左手剑指，双手撑于两胯旁，剑尖向前，手心向下；目视前方。

（2）右脚内扣，身体向左转体180°，随即重心移至右腿，左腿提膝成右独立步；双手保持不变，略向外撑；目随身转。

（3）左脚向左前方上半步成左弓步；同时，双手分别收于两侧腰间，随即右手持剑向左斜下方刺出，左手剑指附于右前臂处；目视刺剑方向。

动作要点：重心移动平稳；力达剑尖。

弓步 019

传统术语：海底捞月（杨式）。

现代术语：弓步撩剑。

源流：杨式六十七式太极剑第四十二式。

技法：撩。

动作过程： 重心移至左腿，右脚向左前方上步成右弓步；同时，右手持剑向前撩击；左手剑指向外推出，与肩同高，手心向外；目视撩剑方向。

动作要点： 剑贴右腿外侧撩出；力达剑身前部。

弓步 020

传统术语：流星赶月（杨式）。

现代术语：弓步劈剑。

源流：杨式六十七式太极剑第三十五式。

技法：劈。

动作过程： 重心移至左腿，右脚向前上步成右弓步；同时，右手持剑由上向下劈剑，剑身与手臂呈一条直线；左手剑指架于左额斜上方，手心斜向上；目视劈剑方向。

动作要点： 力达剑身。

弓步 021

传统术语：右拦扫（杨式）。

现代术语：弓步抹剑。

源流：杨式六十七式太极剑第六式。

技法：抹。

动作过程： 重心移至左腿，右脚向右前方上步成右弓步；同时，右手持剑由左向右平抹；左手剑指附于右腕内侧；目视抹剑方向。

动作要点： 抹剑时以腰带剑；力达剑身。

弓步 022

传统术语：左拦扫（杨式）。

现代术语：弓步抹剑。

源流：杨式六十七式太极剑第七式。

技法：抹。

动作过程： 重心移至右腿，左脚向左前方上步成左弓步；同时，右手持剑由右向左平抹剑；左手剑指向左上架，手心向外；目视抹剑方向。

动作要点： 抹剑时以腰带剑；力达剑身。

弓步 023

传统术语：顺水推舟（杨式）。

现代术语：弓步推剑。

源流：杨式六十七式太极剑第三十四式。

技法：推。

动作过程：（1）重心右移，左脚收于右脚内侧；右手持剑立剑于身体右侧，剑尖向上；左手剑指附于右腕内侧；目视右手。

（2）左脚向左前方上步成左弓步；右手持剑与头同高，随重心转移向左斜下方推剑；左手剑指附于右腕外侧；目视推剑方向。

动作要点：力达剑身中部。

弓步 024

传统术语：凤凰右展翅（杨式）。

现代术语：弓步削剑。

源流：杨式六十七式太极剑第十三式。

技法：削。

动作过程：重心移至左腿，右脚向右前方上步成右弓步；右手持剑由左下方向右上方削剑；左手剑指向左下方外展，手心向下；目视削剑方向。

动作要点：力达剑身前部。

弓步 025

传统术语：风卷荷叶（杨式）。

现代术语：弓步带剑。

源流：杨式六十七式太极剑第二十四式。

技法：带。

动作过程：（1）右手持剑手心向上由左向右平抹；左手剑指向左外撑，手心向外；目随剑动。

（2）重心移至左腿，右脚向左脚靠拢，随即向右前方上步，身体左转；同时，右手持剑随转体在面前云剑，停于左肩前，剑尖向左，手心向下；左手剑指附于右腕内侧；目随剑动。

（3）重心移至右腿成右弓步；右手持剑由左向右平带剑，剑与胸同高，手心向下；左手剑指仍附于右腕内侧；目视带剑方向。

动作要点：剑由左向右带至胸前；力达剑身中部。

弓步 026

传统术语：犀牛望月（杨式）。

现代术语：弓步回抽。

源流：杨式六十七式太极剑第四十四式。

技法：抽。

动作过程： 左脚向左前方上步成左弓步；同时，右手持剑向左回抽，停于左额前方，手心向内；左手剑指附于右腕内侧；目视剑尖方向。

动作要点： 拧腰回抽；力达肘尖。

弓步 027

传统术语：顺水推舟（吴式）。

现代术语：弓步反刺。

源流：吴式六十四式太极剑第二十一式。

技法：刺。

动作过程：重心移至左腿，右脚向前上步成右弓步；同时，右手持剑向正前方反手刺出，剑与肩同高；左手剑指向左后平伸；目视刺剑方向。

动作要点：上步与刺剑协调一致；力达剑尖。

弓步 028

传统术语：单鞭索喉（吴式）。

现代术语：弓步反刺。

源流：吴式六十四式太极剑第十七式。

技法：刺。

动作过程：（1）重心移至左腿，右腿提膝成左独立步；同时，右手持剑由右向上反手抽架，剑尖向右；左手剑指由左向上撑于右腕内侧；目视剑尖方向。

（2）右脚向右前方上步成右弓步；同时，右手持剑向右反手刺剑，剑身略高于肩；左手剑指向身体斜后方伸出，手心向上；目视刺剑方向。

动作要点：力达剑尖。

弓步 029

传统术语：猿猴舒臂（吴式）。

现代术语：弓步上刺。

源流：吴式六十四式太极剑第十五式。

技法：刺。

动作过程：（1）右脚向前点地成右虚步；同时，右手持剑向前下刺，手心向下；左手剑指附于右腕处；目视刺剑方向。

（2）重心移至右腿，身体右转，屈膝下蹲成右歇步；右手持剑向右额上方架剑；左手剑指附于右腕处，手心向外；目视前方。

（3）左脚向前上步成左弓步；同时，右手持剑向前上方斜刺，手心向外；左手剑指附于右腕处；目视刺剑方向。

动作要点：力达剑尖。

弓步 030

传统术语：玉女投针（吴式）。

现代术语：弓步下刺。

源流：吴式六十四式太极剑第二十五式。

技法：刺。

动作过程：（1）左脚撤步，重心后移；同时，右手持剑向身体左侧抽剑于左肋前；左手剑指落于左腰间；目视剑尖方向。

（2）右脚脚尖外展，重心移至右腿；同时，右手持剑向右后方翻转外拨，收于右腰间，剑尖斜向下，手心向上；左手剑指落于右膝前，指尖向右，手心向下；目视前下方。

（3）左脚向前上步成左弓步；同时，右手持剑向前下方刺出；左手剑指上架于左额斜上方，手心斜向上；目视刺剑方向。

动作要点：左右拨剑时剑法清晰；刺剑力达剑尖。

弓步 031

传统术语：劈山夺剑（吴式）。

现代术语：弓步劈剑。

源流：吴式六十四式太极剑第十式。

技法：劈。

动作过程：（1）右脚向前点地成右虚步；右手持剑，左手剑指，由身体两侧合于体前，右手手心向上，左手手心向下；目视剑尖方向。

（2）右脚向前上半步，重心移至右腿；同时，右手腕外翻，以剑前刃由下向后挑；左手剑指前穿；目视剑尖方向。

（3）左脚向前上步成左弓步；右手持剑由身体后方向前劈剑，与肩同高；左手剑指经体前架至左额上方；目视劈剑方向。

动作要点：弓步与劈剑协调一致；劈剑力达剑身。

弓步 032

传统术语：进步取膝（吴式）。

现代术语：弓步平斩。

源流：吴式六十四式太极剑。

技法：斩。

动作过程：身体左转，右脚向前上步成右弓步；同时，右手持剑向前下方平斩；左手剑指向左推出，随即合于右前臂内侧；目视斩剑方向。

动作要点：斩剑与弓步协调一致；力达剑身中部。

弓步 033

传统术语：鹞子入林（孙式）。

现代术语：弓步平刺。

源流：孙式六十二式太极剑第五十七式。

技法：刺。

动作过程：（1）右脚向左脚并步；同时，右手持剑架剑至额前，剑尖向右下方；左掌由左向上合于剑首；目视前方。

（2）重心移至左腿，右脚向右前方上步；同时，右手持剑落于胸前，手心向上，剑尖向右；左掌仍合于剑首，指尖向上；目视剑尖方向。

（3）身体微右转成右弓步；同时，右手持剑向弓步方向刺出；左手变剑指附于右前臂内侧；目视刺剑方向。

动作要点：上步与落剑协调一致，弓步与刺剑协调一致；力达剑尖。

弓步 034

传统术语：回头望月（孙式）。

现代术语：弓步回抽。

源流：孙式六十二式太极剑第二十四式。

技法：抽。

动作过程： 右脚向右前方上步，身体右转，重心移至右腿成右弓步；同时，右手持剑由胸前向右上方抽剑，手心向下；左手剑指向左反穿，手心向上；目视剑指方向。

动作要点： 抽剑时左肩内扣下压，右肘尖与左手指尖对拉拔长。

弓步 035

传统术语：退步剪形（武式）。

现代术语：弓步下刺。

源流：武式十三式太极剑第二式。

技法：刺。

动作过程：（1）左脚向右脚后插步；右手持剑向右撩剑，手心向后；左手剑指向左推出；目视撩剑方向。

（2）右脚向右开步成左弓步；右手持剑由身体右侧向左下方刺剑，手心向外；左手剑指附于右腕处；目视刺剑方向。

动作要点：撤步时剑法与步法配合协调；力达剑尖。

弓步 036

传统术语：进步炮剑（武式）。

现代术语：弓步反撩。

源流：武式十三式太极剑第六式。

技法：撩。

动作过程：（1）左脚向前上步，重心移至左腿；同时，右手持剑由身体右侧向前撩剑；左手剑指由上向后撑架；目视撩剑方向。

（2）右脚向前上步成右弓步；同时，右手持剑经身体左侧向前反撩剑，剑尖斜向下；左手剑指附于右前臂上；目视撩剑方向。

动作要点：撩剑发力与弓步协调一致；力达剑身前部。

弓步 037
传统术语：进步裹砍（武式）。
现代术语：弓步劈剑。
源流：武式十三式太极剑第三式。
技法：劈。

动作过程：（1）左脚向前上步；右手持剑经身体左侧挂剑；左手剑指附于右臂内侧；目随剑动。

（2）右脚向前上步成右弓步；右手持剑向前劈剑，与肩同高；左手剑指经身体前方架于左额斜上方，手心斜向上；目视劈剑方向。

动作要点：挂剑贴身呈立圆；劈剑力达剑身。

弓步 038

传统术语：黄蜂入洞（三十二式）。

现代术语：弓步平刺。

源流：三十二式太极剑第二十九式。

技法：刺。

动作过程：（1）左脚撤步，重心后移，身体微向左转；同时，右手持剑随转体左带；左手剑指收于左腰间；目视带剑方向。

（2）右脚尖外展，左脚向前上步，身体右转；同时，右手持剑随转体右带，收于右腰间；左手剑指翻转落于腹前；目视前方。

（3）左脚尖外展，右脚向前上步成右弓步；同时，右手持剑向前平刺，与胸同高，手心向上；左手剑指向左、向上举于头部左上方；目视刺剑方向。

动作要点：弓步与平刺、剑指上举协调一致；力达剑尖。

弓步 039

传统术语：三环套月（三十二式）。

现代术语：弓步持剑。

源流：三十二式太极剑第一式。

技法：持。

动作过程：（1）左脚向左开步，双脚平行，与肩同宽；同时，左手反持剑，右手剑指，双臂缓慢向前平举，高与肩平，手心向下；目视前方。

（2）重心移至右腿，左脚提起向右踝内侧收拢（脚尖不点地）；同时，右手剑指翻转下落，经腹前向右上举，手心向上；左手反持剑经面前落于右肩前，手心向下，剑平置于胸前；目视剑指方向。

（3）身体左转，左脚向前上步成左弓步；同时，左手反持剑经体前向左下搂至左胯旁，剑直立于左臂后，剑尖向上；右手剑指随转体经耳旁向前指出，指尖向上，高与眼平；目视前方。

（4）右脚向前上步，脚尖外展，双腿交叉，两膝关节前后交叠成交叉半坐姿势，身体右转；同时，双臂分别向左右两侧平展，左手反持剑经胸前由右手上方穿出，右手剑指翻转，经腰间摆至身体右侧，手心向上；目视剑指方向。

（5）左脚向前上步成左弓步，身体左转；同时，左手反持剑稍外旋，手心转向下，剑尖略下垂；右手剑指经头右侧向前落于剑把上；目视前方。

动作要点： 重心移动平稳。

弓步 040

传统术语：弓步下截（四十二式）。

现代术语：弓步下截。

源流：四十二式太极剑第二十六式。

技法：截。

动作过程：（1）右脚向右前方上步成右弓步，身体略右转；同时，右手持剑向右前方截剑，手腕与胸同高，剑尖向前下方；左手剑指附于右腕处；目视截剑方向。

（2）重心移至右腿，左脚跟至右脚内侧，身体右转；同时，右手持剑外旋拨至右胯旁，手心向上，剑尖向右前下方；左手剑指附于右腕内侧，手心向下；目视剑尖。

（3）重心左移，左脚向左前方上步成左弓步，身体左转；同时，右手持剑向左截剑至身体左前方，手腕与胸同高，手心向上，剑尖向前下方；左手剑指向左前上方摆举于头前上方；目视截剑方向。

动作要点：整个动作柔和连贯，眼随剑走；力达剑身前部。

弓步 041

传统术语：金针指南（第三套国际竞赛套路）。

现代术语：弓步直刺。

源流：第三套国际竞赛套路太极剑第三十八式。

技法：刺。

动作过程：左脚向前上步成左弓步；同时，右手持剑由右腰间向前直刺，手腕与胸同高；左手剑指附于右前臂内侧；目视刺剑方向。

动作要点：弓步与刺剑协调一致；力达剑尖。

弓步 042

传统术语：腰斩白蛇（第三套国际竞赛套路）。

现代术语：弓步平斩。

源流：第三套国际竞赛套路太极剑第十四式。

技法：斩。

动作过程：右脚向右后方撤步，随即左脚尖内扣、右脚尖外摆，身体右转，重心右移成右弓步；同时，右手持剑由左斜下方向右平斩，剑身略高于手臂，手心向上；左手剑指附于右前臂上，随平斩向左分展，手腕与腰同高；目视斩剑方向。

动作要点：斩剑时拧腰、转胯向右平斩；力达剑身中部。

弓步 043
传统术语：斜飞振翅（第三套国际竞赛套路）。
现代术语：弓步崩剑。
源流：第三套国际竞赛套路太极剑第十五式。
技法：崩。

动作过程： 右脚向右开步，身体右转，重心前移成右弓步；同时，右手持剑先向左下摆，随即右摆崩剑发力，手腕与肩同高；左手剑指先翻转与右手背相贴，随右摆崩剑向左分展至左胯旁；目视崩剑方向。

动作要点： 崩剑发劲与弓步协调一致；力达剑尖。

弓步 044

传统术语：迎风掸尘（第三套国际竞赛套路）。

现代术语：弓步拦剑。

源流：第三套国际竞赛套路太极剑第五式。

技法：拦。

动作过程： 左脚向左前方上步成左弓步；同时，右手持剑以腕关节为轴做内腕花后向左前方划弧拦出，剑尖斜向下；左手剑指举至左额斜上方，手心斜向上；目视拦剑方向。

动作要点： 右手持剑斜向前拦击；力达剑身中部。

1.2 马步

马步 001

传统术语：摘星换斗（陈式）。

现代术语：马步推剑。

源流：陈式四十九式太极剑第三十一式。

技法：推。

动作过程： 右脚向右前方上步，左脚发力蹬地，身体左转，重心前移成马步；同时，右手持剑向右前方立剑平推发力，手腕与胸同高；左手剑指经胸前向左推举；目视推剑方向。

动作要点： 马步与转腰推剑协调一致；力达剑身中部。

1.3 仆步

仆步 001
传统术语：燕子抄水（杨式）。
现代术语：仆步横扫。
源流：杨式六十七式太极剑第五式。
技法：扫。

动作过程：（1）左脚向左开步成左仆步；同时，右手持剑向右后方点剑；左手剑指落于右前臂内侧；目视点剑方向。

（2）重心移至左腿成左弓步；右手持剑经身体右侧向左下方扫剑；左手剑指经体前架于头部左上方；目视扫剑方向。

动作要点：扫剑时上身自然直立；力达剑身中部。

仆步 002

传统术语：仆步穿剑（四十二式）。

现代术语：仆步穿剑。

源流：四十二式太极剑第二十二式。

技法：穿。

动作过程：（1）左脚向左开步成右仆步；同时，右手持剑向左回抽，左手剑指附于右腕处，随仆步下蹲双手下落，右手手心向外，立剑落至右腿内侧，剑尖向右，左手剑指仍附于右腕处；目视剑尖方向。

（2）重心右移成右弓步；同时，右手持剑沿右腿内侧向前穿出，手腕与胸同高；左手剑指附于右腕内侧；目视穿剑方向。

动作要点：以身带臂，动作连贯圆活。

仆步 003

传统术语：叶底藏花（第三套国际竞赛套路）。

现代术语：仆步捧剑。

源流：第三套国际竞赛套路太极剑第三十七式。

技法：捧。

动作过程： 身体左转，右脚撤步成左仆步；同时，右手持剑由右经体前向左横扫，左手剑指捧于右腕处，随仆步下蹲双手捧剑回抽下落；目视剑尖方向。

动作要点： 仆步与捧剑协调配合。

仆步 004
传统术语：伏虎（陈式）。
现代术语：仆步持剑。
源流：陈式太极拳体系。
技法：持。

动作过程：（1）右脚后撤；同时，右手剑指与肩同高，由左向右、向下划弧收至右腰间；左手反持剑划弧至右前方；目视左手方向。

（2）右腿屈膝下蹲成左仆步；同时，左手反持剑沉于腹前；右手剑指上举至头右上方，指尖向上；目视仆腿方向。

动作要点：左手反持剑剑脊贴近前臂。

1.4 虚步

虚步 001

传统术语：凤凰点头（陈式）。

现代术语：虚步点剑。

源流：陈式四十九式太极剑第三十四式。

技法：点。

动作过程： 重心移至左腿，右脚向前上步成右虚步；同时，右手持剑由下经前向上平举，与肩同高时向后下方快速点剑；左手剑指始终附于右前臂内侧；目视点剑方向。

动作要点： 右脚上步与点剑发力协调一致；力达剑锋。

虚步 002
传统术语：钟馗仗剑（陈式）。
现代术语：虚步架剑。
源流：陈式四十九式太极剑第二十三式。
技法：架。

动作过程：（1）左脚向右盖步；同时，右手持剑向右做剪腕花；左手剑指附于右前臂内侧；目随剑转视。
（2）重心移至左腿，右脚向右后方撤半步，随即重心移至右腿，左脚后撤半步成左虚步；同时，右手持剑翻腕上架至头右上方，剑尖向左下方，手心向外；左手剑指向前推出；目视剑指推出方向。

动作要点：虚步与右手架剑、左手前推协调一致；剑指与剑尖有相合之意。

虚步 003
传统术语：磨盘剑（陈式）。
现代术语：虚步抹剑。
源流：陈式四十九式太极剑第四十八式。
技法：抹。

动作过程：（1）右脚向右落步外摆，身体右转90°；同时，右手持剑翻转剑身后横架于胸前，剑尖向左；左手剑指附于右腕内侧；目视剑身。
（2）左脚向右脚前扣步，以脚前掌为轴，身体右转270°，随即右脚向后撤步，左脚向后收半步成左虚步；同时，右手持剑随转体由左向右平抹，在变左虚步的同时双手向左右两侧分开，置于两胯旁；目视前方。

动作要点：摆扣步至左虚步要一气呵成，连绵不断。

虚步 004

传统术语：闭门式（陈式）。

现代术语：虚步提剑。

源流：陈式四十九式太极剑第六式。

技法：提。

动作过程：（1）身体左转90°，右脚向右前方上步；同时，右手持剑由右经上向左撩剑，手腕与肩同高；左手剑指附于右前臂内侧；目随剑转视剑尖方向。

（2）右脚尖内扣，重心移至右腿，左脚向右收步成左虚步；同时，右手持剑下落后向右上方提抽架剑，手腕与头同高，剑尖与肩同高；左手剑指附于右前臂处；目视剑尖方向。

动作要点：撩剑与右脚上步、身体左转协调一致，提剑与虚步协调一致。

虚步 005

传统术语：盖拦式（陈式）。

现代术语：虚步顶肘。

源流：陈式四十九式太极剑第十五式。

技法：顶肘。

动作过程：（1）重心移至右腿，左脚向后撤步；同时，右手持剑，左手剑指，双手平举于胸前，手心向下，剑尖及指尖向前；目视前方。

（2）重心快速移至左腿成右虚步；同时，双肘由身体两侧向后方顶肘发力，手心向下，剑尖、指尖向前；目视前方。

动作要点：虚步与回抽顶肘协调一致；力达肘尖。

虚步 006

传统术语：小魁星式（杨式）。

现代术语：虚步撩剑。

源流：杨式六十七式太极剑第八式。

技法：撩。

动作过程： 重心移至左腿，右脚向前上步，随即重心移至右腿，左脚向前上步成左虚步；同时，右手持剑经身体左侧向身体右上方撩剑，置于右额斜上方，剑尖斜向下；左手剑指附于右腕内侧；目视剑尖方向。

动作要点： 撩剑贴身；力达剑身前部。

虚步 007

传统术语：天马飞报（杨式）。

现代术语：虚步点剑。

源流：杨式六十七式太极剑第三十六式。

技法：点。

动作过程：（1）左脚向前迈步，身体微左转；同时，右手持剑向右平举，与肩同高后收至头部右侧；左手剑指向左平举，手心向上，与肩同高后收至头部左侧；目随剑动。

（2）重心前移，右脚向前上步成右虚步；右手持剑由后向前点剑；左手剑指合于右腕处；目视点剑方向。

动作要点：重心过渡平稳，点剑手腕下沉；力达剑锋。

虚步 008

传统术语：乌龙摆尾（杨式）。

现代术语：虚步下截剑。

源流：杨式六十七式太极剑第二十二式。

技法：截。

动作过程：（1）左脚向前上步，身体微左转；同时，右手持剑向左上方带剑；左手剑指向左划弧至左胯旁；目视剑把。

（2）重心移至左腿，身体右转，右脚向前上步成右虚步；同时，右手持剑向右下方截剑至右胯旁，剑尖与膝同高；左手剑指架于左额斜上方；目视截剑方向。

动作要点：剑身斜向下截击，力达剑身前部。

虚步 009

传统术语：白猿献果（杨式）。

现代术语：虚步抱剑。

源流：杨式六十七式太极剑第五十一式。

技法：抱。

动作过程：（1）左脚尖外展，身体左转；右手持剑，左手剑指，双臂向身体左右两侧展开，手心向上；目视剑尖前方。

（2）重心移至左腿，右脚向前上步成右虚步；双臂合抱剑于身体前方，左手托右手背；目视剑尖方向。

动作要点：双臂由两侧向身体前方合抱。

虚步 010
传统术语：射雁式（杨式）。
现代术语：虚步抽剑。
源流：杨式六十七式太极剑第四十五式。
技法：抽。

动作过程：（1）身体左转；右手持剑向左前方点剑；左手剑指附于右腕内侧；目视点剑方向。
（2）重心移至右腿，左脚向前上半步成左虚步；右手持剑向身体右侧抽剑至右胯旁，剑尖向前；左手剑指向前推出，手心向前，剑指向上；目视剑指方向。
动作要点：动作协调，连接顺畅。

虚步 011
传统术语：指裆剑（吴式）。
现代术语：虚步反刺。
源流：吴式六十四式太极剑第九式。
技法：刺。

动作过程：（1）重心移至左腿，右腿提膝；同时，右手持剑由前向斜后方提抽，停于右耳旁，手心向右，剑尖斜向下；左手剑指向前下方穿出，指尖向前，手心向右；目视剑指方向。

（2）右脚落地成右虚步；同时，右手持剑向前下方反手刺出；左手剑指收于右前臂内侧；目视刺剑方向。

动作要点：刺剑与虚步下蹲同时完成，协调一致；力达剑尖。

虚步 012
传统术语：上步遮膝（吴式）。
现代术语：虚步撩剑。
源流：吴式六十四式太极剑第四式。
技法：撩。

动作过程：（1）左脚向前盖步；右手持剑由前经上向左后方撩剑，手心向内，剑尖向上；左手剑指由后经上与右手相合，指尖向前，手心向外；目视剑身。

（2）右脚向前上步成右虚步；右手持剑由左下方向右反撩剑，剑尖向前下方；左手剑指附于右臂内侧；目视撩剑方向。

动作要点：屈膝与撩剑连接顺畅；撩剑力达剑身前部。

虚步 013

传统术语：抱月势（吴式）。

现代术语：虚步斩剑。

源流：吴式六十四式太极剑第三十六式。

技法：斩。

动作过程：（1）右手持剑，左手剑指，双手于体前相合，剑尖向前；目视前方。

（2）右手持剑向右平抹；左手剑指向左平伸；目视剑尖方向。

（3）重心移至左腿，右脚向前上步成右虚步；右手持剑向左、向后云剑，随即向前下方斩剑，手心向上；左手剑指附于右臂内侧，手心向下；目视斩剑方向。

动作要点：云剑与斩剑连接顺畅；斩剑力达剑身中部。

虚步 014
传统术语：沛公斩蛇（吴式）。
现代术语：虚步平斩。
源流：吴式六十四式太极剑第十三式。
技法：斩。

动作过程： 重心移至左腿，右脚向前上步成右虚步；同时，右手持剑经面前云剑后向前下方平斩，手心向上；左手剑指由身体左侧合于右腕内侧，手心向下；目视斩剑方向。
动作要点： 云剑时躯干略后仰；斩剑力达剑身中部。

虚步 015

传统术语：白鹤亮翅（孙式）。

现代术语：虚步抹剑。

源流：孙式六十二式太极剑第二式。

技法：抹。

动作过程：（1）并步直立；同时，左手反持剑由左向前划弧至胸前，肘关节微屈，剑尖向左，手心向下；右手剑指由右向前附于左手虎口处，指尖斜向上；目视正前方。

（2）右脚撤步，重心移至右腿，左脚尖翘起成左虚步；同时，右手接剑，左手变剑指，双手分别向身体两侧抹剑、分撑，双手与肋同高，剑尖、剑指向前，手心向下；目视正前方。

动作要点：接剑时手臂内劲饱满。

虚步 016
传统术语：抱剑（武式）。
现代术语：虚步带剑。
源流：武式十三式太极剑第十式。
技法：带。

动作过程：左脚向后撤步，重心移至左腿成右虚步；同时，右手持剑由体前向左腰间回带，剑尖斜向上；左手剑指由体前经身体左侧回收于腰后，手心向外；目视剑尖方向。
动作要点：带剑时右臂外旋由前向后回带；力达剑身中部。

虚步 017

传统术语：退步勾挂（武式）。

现代术语：虚步压剑。

源流：武式十三式太极剑第七式。

技法：压。

动作过程：（1）左脚撤步；同时，右手持剑经身体左侧挂剑；左手剑指附于右腕内侧；目视挂剑方向。

（2）右脚撤步，重心移至右腿成左虚步；同时，右手持剑向前压剑；左手剑指附于右腕内侧；目视压剑方向。

动作要点：挂剑时剑身呈立圆；压剑力达剑身中部。

虚步 018
传统术语：风扫梅花（三十二式）。
现代术语：虚步抹剑。
源流：三十二式太极剑第三十一式。
技法：抹。

动作过程：（1）右脚上步，脚尖外摆；同时，右手持剑由右向上、向左翻剑，剑身横置于胸前；左手剑指附于右腕内侧，手心向下；目视剑尖方向。

（2）身体右转，重心移至右腿，左脚向右扣步；同时，右手持剑向右平抹剑，手心向下；左手剑指保持不变；目视剑尖方向。

（3）以左脚掌为轴向右转身，右脚随转体后撤，重心后移成左虚步；同时，右手持剑在转体撤步时继续平抹，左手剑指保持不变，变虚步时，双手向身体两侧分开置于胯旁，剑尖、指尖向前，手心向下；目视前方。

动作要点：抹剑时剑身要平；摆、扣步重心过渡平稳，连接顺畅。

1.5 歇步

歇步 001

传统术语：古树盘根（陈式）。

现代术语：歇步架剑。

源流：陈式四十九式太极剑第十六式。

技法：架。

动作过程：以右脚脚跟、左脚脚前掌为轴向右转身成右歇步；同时，右手持剑架于额头上方，剑尖向左；左手剑指附于右前臂处，剑指向右；目视剑尖方向。

动作要点：架剑与歇步协调一致；力达剑身。

歇步 002

传统术语：妙手背斩（孙式）。

现代术语：歇步刺剑。

源流：孙式六十二式太极剑第二十六式。

技法：刺。

动作过程：（1）右脚向左前方扣步，重心移至右腿，身体左转180°，左脚抬起摆脚上步；同时，右手持剑，左手剑指，双手手心向下，由身体两侧合于腹前，剑尖斜向上；目视剑尖方向。

（2）重心移至左腿，右脚跟半步成左歇步；同时，双手持剑向斜上方刺剑，手心向上；目视刺剑方向。

动作要点：转身上步与抱剑协调一致；歇步下蹲与刺剑协调一致；力达剑尖。

歇步 003

传统术语：歇步崩剑（四十二式）。

现代术语：歇步崩剑。

源流：四十二式太极剑第三十五式。

技法：崩。

动作过程：（1）身体右转180°，右脚外展，左脚开步，脚尖着地；同时，右手持剑由下向右反撩，手腕与胸同高，剑尖向右；左手剑指由下向左摆举至与肩同高；目视剑尖方向。

（2）右脚向左脚后撤步成左歇步；同时，右手持剑沉腕崩剑，手腕与腰同高；左手剑指举于左上方，手心斜向上；目视崩剑方向。

动作要点：歇步与崩剑协调一致；力达剑尖。

歇步 004
传统术语：风舞落叶（第三套国际竞赛套路）。
现代术语：虚步压剑。
源流：第三套国际竞赛套路太极剑第十六式。
技法：压。

动作过程：（1）重心移至左腿，右脚向左脚后插步；同时，右手持剑由上向左划弧，手心向下；左手剑指向下划弧至左胯旁；目视剑尖方向。

（2）双腿屈膝下蹲成左歇步；同时，右手持剑向下压剑，低不过踝，剑尖略低于腕；左手剑指向上划弧，举至左额斜上方；目视压剑方向。

动作要点：歇步与压剑协调配合，势正劲整，力点准确。

1.6 独立步

独立步 001

传统术语：仙人指路（陈式）。

现代术语：独立刺剑。

源流：陈式四十九式太极剑第三式、第十四式、第三十三式。

技法：刺。

动作过程：（1）重心移至右腿；同时，右手持剑收于胸前，剑尖向右下方，手心向上；左手剑指附于右腕处；目视剑尖方向。

（2）右腿膝关节伸直发力，左腿屈膝提起成右独立步；同时，右手持剑向右下方刺出；左手剑指向左上方外撑；目视刺剑方向。

动作要点：提膝高于水平；下刺发力与提膝独立协调一致；力达剑尖。

独立步 002

传统术语：朝阳剑（陈式）。

现代术语：独立架剑。

源流：陈式四十九式太极剑第二式。

技法：架。

动作过程：（1）双脚分开与肩同宽，屈膝下蹲；同时，左手反持剑，右手剑指，双手于腹前相合，右手剑指附于左手背上，剑尖向左，手心均向下；目视双手。

（2）重心移至右腿，左腿屈膝提起成右独立步；同时，右手接剑向头上方平架剑；左手变剑指向左上方外撑，手心向前，指尖向上；目视前方。

动作要点：提膝高于水平；力达剑身。

独立步 003
传统术语：金鸡独立（陈式）。
现代术语：独立架剑。
源流：陈式四十九式太极剑第十三式。
技法：架。

动作过程：（1）右手持剑向右、向下划弧后收于腹前，剑尖向右，手心向内；左手剑指附于右腕处；目视剑身。

（2）重心移至左腿，右腿屈膝提起成左独立步；同时，右手持剑沿身体中线向上架剑，与头同高，剑尖向右；左手剑指附于右腕内侧，指尖向右；目视剑尖方向。

动作要点：提膝高于水平；力达剑身。

独立步 004

传统术语：鹰熊斗智（陈式）。

现代术语：独立提剑。

源流：陈式四十九式太极剑第二十九式。

技法：提。

动作过程：（1）身体左转，重心移至左腿；右手持剑向左上方撩剑；左手剑指附于右前臂处；目视撩剑方向。

（2）身体右转，重心移至右腿，左腿屈膝提起成右独立步；右手持剑由左膝外侧向右上方提剑至右肩上方，剑尖斜向下；左手剑指始终附于右前臂处；目视剑尖方向。

动作要点：提膝高于水平；力达剑首。

独立步 005

传统术语：海底捞月（陈式）。

现代术语：独立挑剑。

源流：陈式四十九式太极剑第三十二式。

技法：挑。

动作过程：（1）右脚向前上步成右弓步；右手持剑由右向左下方反手拦剑；左手剑指提至头上方；目视前下方。

（2）重心移至左腿，右腿屈膝提起成左独立步；右手持剑以剑尖和前刃挑至与头同高；左手剑指贴于右腕内侧；目视挑剑方向。

动作要点：提膝高于水平；力达剑身前部。

独立步 006

传统术语：宿鸟投林（杨式）。

现代术语：独立上刺。

源流：杨式六十七式太极剑第二十一式。

技法：刺。

动作过程：右脚向前上步，重心移至右腿，左腿屈膝提起成右独立步；同时，右手持剑向右斜上方刺出；左手剑指附于右前臂内侧；目视刺剑方向。

动作要点：提膝高于水平；力达剑尖。

独立步 007

传统术语：魁星式（杨式）。

现代术语：独立反刺。

源流：杨式六十七式太极剑第四式。

技法：刺。

动作过程：（1）重心移至右腿，左脚向右脚并步；同时，右手持剑在身体右侧沉腕立剑，剑尖向上；左手剑指附于前臂内侧；目视剑身。

（2）左腿屈膝提起成右独立步；同时，右手持剑上举至头顶后向左斜下方刺出；左手剑指向左平推；目视剑指方向。

动作要点：提膝高于水平；力达剑尖。

独立步 008

传统术语：挑帘式（杨式）。

现代术语：独立托剑。

源流：杨式六十七式太极剑第三十七式。

技法：托。

动作过程： 右脚向右前方上步，左腿屈膝提起成右独立步；同时，右手持剑由身体左下方向上托剑至右额斜上方，剑尖向左前方；左手剑指附于右前臂内侧；目视剑尖方向。

动作要点： 提膝高于水平；力达剑身。

独立步 009

传统术语：虎抱头（杨式）。

现代术语：独立捧剑。

源流：杨式六十七式太极剑第二十七式。

技法：捧。

动作过程： 左脚上步，重心移至左腿，随即右腿屈膝提起成左独立步；同时，右手持剑，左手剑指，双手由身体两侧合捧剑至身体前方，剑尖斜向上；目视前方。

动作要点： 提膝高于水平；双手捧抱剑柄。

独立步 010

传统术语：倒挂金铃（吴式）。

现代术语：独立撩剑。

源流：吴式六十四式太极剑第八式。

技法：撩。

动作过程：（1）重心移至右腿，左脚收于右脚内侧，双腿屈膝下蹲；同时，右手持剑以剑身后部下压于左小腿外侧；目视剑身。

（2）重心移至左腿，右腿屈膝提起成左独立步；右手持剑反腕向上提撩，剑尖斜向下，手心向外；左手剑指随剑至腹前后向前指出；目视剑指方向。

动作要点：提膝高于水平；力达剑身前部。

独立步 011

传统术语：翻身提斗（吴式）。

现代术语：独立撩剑。

源流：吴式六十四式太极剑第十四式。

技法：撩。

动作过程：（1）右脚向右前方上步，身体右转；同时，右手持剑向左立剑穿剑；左手剑指向右平举；目视剑尖方向。

（2）左脚收于右脚内侧，双腿屈膝半蹲；同时，右手持剑向上划弧后下压至左膝外侧；左手剑指附于右腕内侧；目视压剑方向。

（3）重心移至左腿，右腿屈膝提起成左独立步；右手持剑向上提撩，手心向外；左手剑指向前下方指出，手心向上；目视剑指方向。

动作要点：提膝高于水平；力达剑身前部。

独立步 012
传统术语：肘底提剑（吴式）。
现代术语：独立提剑。
源流：吴式六十四式太极剑第三十八式。
技法：提。

动作过程：（1）重心移至左腿，右脚向左脚后撤步下蹲成左歇步；同时，右手持剑向下平压至左脚尖前方；左手剑指架于左额上方，手心向上；目视剑尖方向。
（2）重心移至右腿，左腿屈膝提起成右独立步；同时，右手持剑向右上方提剑，手心向外，剑尖斜向下；左手剑指落于左膝内侧，手心向上；目视剑指方向。
动作要点：提膝高于水平；力达剑首。

独立步 013
传统术语：转身劈头剑（武式）。
现代术语：独立劈剑。
源流：武式十三式太极剑传统套路第五式。
技法：劈。

动作过程： 左脚向左前方上步，重心移至左腿，右脚向左脚前上步，脚尖内扣，随即重心移至右腿，左腿屈膝提起成右独立步；同时，右手持剑由右向左上方撩剑，与头同高时向后转身劈剑，剑尖斜向上，剑把与腹部同高；左手剑指架于左额斜上方，手心斜向上；目视劈剑方向。
动作要点： 提膝高于水平；劈剑与提膝协调一致；力达剑身。

独立步 014
传统术语：藏身剑（武式）。
现代术语：独立拦剑。
源流：武式十三式太极剑传统套路第八式。
技法：拦。

动作过程： 重心移至右腿，左腿屈膝提起成右独立步；同时，右手持剑向上拦剑，剑把略高于头，剑尖斜向下；左手剑指附于右腕处；目视前方。

动作要点： 提膝高于水平；力达剑身中部。

独立步 015

传统术语：探海式（三十二式）。

现代术语：独立抡劈。

源流：三十二式太极剑第六式。

技法：劈。

动作过程：（1）重心移至左腿，右脚收于左脚内侧；右手持剑由前向下、向后划弧，立剑斜置于左下方；左手剑指附于右前臂上；目视剑尖方向。

（2）右脚向前上步，脚跟着地；右手持剑上举，剑尖向左，手心向外；左手剑指收于腰间；目视左下方。

（3）重心移至右腿，左腿屈膝提起成右独立步；同时，身体稍前倾，右手持剑向前下方劈剑，右臂与剑呈一条斜线；左手剑指向后、向上划弧举至左上方，手心斜向上；目视劈剑方向。

动作要点：提膝高于水平；力达剑身。

独立步 016
传统术语：提膝点剑（四十二式）。
现代术语：提膝点剑。
源流：四十二式太极剑第二十四式。
技法：点。

动作过程： 左腿屈膝提起成右独立步；同时，右手持剑向右下方点剑，手腕与胸同高；左手剑指附于右前臂内侧，手心向下；目视点剑方向。

动作要点： 提膝高于水平；力达剑锋。

独立步 017

传统术语：后举腿架剑（四十二式）。

现代术语：后举腿架剑。

源流：四十二式太极剑第三十式。

技法：架。

动作过程：（1）左脚向前上步，屈膝半蹲；同时，右手持剑向左挂剑，腕与腰同高，剑尖向左；左手剑指附于右前臂上，手心向下；目视左下方。

（2）左腿直立，右腿屈膝后举，脚面绷直与臀同高；同时，右手持剑上架，剑尖向左；左手剑指经面前向左摆举，臂微屈，指尖向上；目视剑指方向。

动作要点：身体微前倾；力达剑身。

独立步 018

传统术语：力劈华山（第三套国际竞赛套路）。

现代术语：独立劈剑。

源流：第三套国际竞赛套路太极剑第四式。

技法：劈。

动作过程：（1）左腿屈膝，重心后移，身体微向右转，右脚尖翘起外摆；同时，右手持剑向右划弧，手腕与胸同高；左手剑指向前、向右划弧摆至右肩前；目随视剑尖方向。

（2）重心前移，右腿直立，左腿屈膝提起成右独立步；同时，右手持剑继续向后划弧至右后方再经头顶向前劈出，手腕与肩同高；左手剑指经下向左划弧摆举至左侧，手腕与肩同高；目视劈剑方向。

动作要点：提膝高于水平；右手持剑立剑由上向下劈击，力达剑身。

1.7 偏马步

偏马步 001
传统术语：斜行（陈式）。
现代术语：偏马步持剑。
源流：陈式太极拳体系。
技法：持。

动作过程：（1）右腿屈膝下蹲，左脚向左迈步；同时，左手反持剑向前平推，手心向外；右手剑指下按至右膝关节外侧；目视迈步方向。

（2）重心向左移动；同时，左手持剑向下划弧至左膝前；右手剑指向上托举，与肩同高时随重心移动向左推按；目视左腿方向。

（3）身体继续左转；左手持剑上提至与肩同高；右手剑指向左平推；目视剑指方向。

（4）身体右转成偏马步；左手持剑不动；右手剑指向右掤撑，沉腕立指；目视剑指方向。

动作要点：立身中正，舒展大方，周身放松，气沉丹田。

偏马步 002
传统术语：懒扎衣（陈式）。
现代术语：偏马步持剑。
源流：陈式太极拳体系。
技法：持。

动作过程：（1）左腿屈膝下蹲，右脚向右擦步；左手反持剑置于胸前；右手剑指附于左腕处；目视擦步方向。
（2）重心右移成偏马步；右手剑指平开至右膝上方，指尖高与眼平，沉腕立指；左手持剑收至左腰间；目随右手转视右前方。

动作要点：身手协调，松腰敛臂。

1.8 平行步

平行步 001

传统术语：太极剑初势（陈式）。

现代术语：起势。

源流：陈式四十九式太极剑第一式。

技法：持。

动作过程：（1）双脚并立，随即左脚向左横开半步，双腿微屈；左手反持剑垂于身体左侧，剑尖向上，手心向后，剑脊贴前臂内侧；右手剑指垂于身体右侧；目视前方。

（2）双臂缓慢由身体两侧向前上抬至与肩平，剑尖向后；目视前方。

（3）双腿缓慢下蹲；同时，双手分别下沉至小腹两侧，剑尖向后上方，剑指向前；目视前方。

（4）身体微左转，重心略偏右腿；双臂划弧缓慢向左前上方掤出，左手反持剑，剑尖向后，手心向下，右手剑指向前，手心向上；目视左前方。

（5）右脚尖外摆，向右转体，重心移至左腿；双臂随身体右转在体前划弧；目视前方。

（6）重心移至右腿，左腿屈膝提起；双手保持不变；目视前方。

（7）左脚向前迈步，右腿屈膝下蹲，身体微向右转；同时，双手上掤；目视前方。

（8）重心移至左腿，向左转体，右脚向前上步，脚前掌着地；同时，右手剑指前撩，与胸同高，剑指向前，手心向上；左手反持剑掤起至胸前，贴于右剑指上，剑尖向左；目视前方。

（9）右脚向右横开步，身体稍右转；同时，右手剑指向右下方逆缠至右腿外，剑指向前，手心向下；左手反持剑向左摆，剑尖向后；目随转体平视前方。

（10）重心移至右腿，向左转体，左脚向后撤步，脚前掌着地；同时，右手剑指由右侧经右耳下向前推出，与肩同高，剑指向上；左手反持剑摆于身体左后方，剑尖向上；目视剑指方向。

动作要点：立身中正，舒展大方，周身放松，气沉丹田。

平行步 002

传统术语：太极剑还原（陈式）。

现代术语：收势。

源流：陈式四十九式太极剑第四十九式。

技法：持。

动作过程：（1）并步站立，双膝微屈，身体微左转；右手持剑向左上方环绕，使剑反持于左手，右手附于剑柄处；目视双手。

（2）右手变剑指分至右腿外侧，剑指向下，手心向前；左手反持剑落于左腿外侧；目视前方。

（3）双手同时向左右两侧逆缠，向内合于双肩前上方，手心均向下，剑平贴左前臂内侧；目视前方。

（4）身体直立，双腿并立；双手同时下按，右手下落贴于右腿外侧，剑指向下，左手反持剑贴于左腿外侧；目视前方。

动作要点：立身中正，舒展大方，周身放松，气沉丹田。

平行步 003

传统术语：起势（第三套国际竞赛套路）。

现代名称：起势。

源流：第三套国际竞赛套路太极剑第一式。

技法：持。

动作过程：（1）身体直立，双脚并拢；左手反持剑，右手剑指轻贴右大腿外侧；目视前方。

（2）左脚向左开步，与肩同宽；双手慢慢向前平举，与肩同高，手心向下；目视前方。

（3）双腿屈膝半蹲；双手下按于腹前；目视前方。

动作要点：立身中正，舒展大方，周身放松，气沉丹田。

平行步 004

传统术语：收势（第三套国际竞赛套路）。

现代术语：收势。

源流：第三套国际竞赛套路太极剑第三十九式。

技法：持。

动作过程：（1）双脚分开与肩同宽，屈膝半蹲；左手反持剑置于左胯旁；右手剑指由右划弧至正前方，与肩同高，手心向下；目视前方。

（2）双腿直立；同时，右手剑指下按至右胯旁；左手不变；目视前方。

（3）左脚收至右脚旁，双脚并拢，身体直立；目视前方。

动作要点：立身中正，舒展大方，周身放松，气沉丹田。

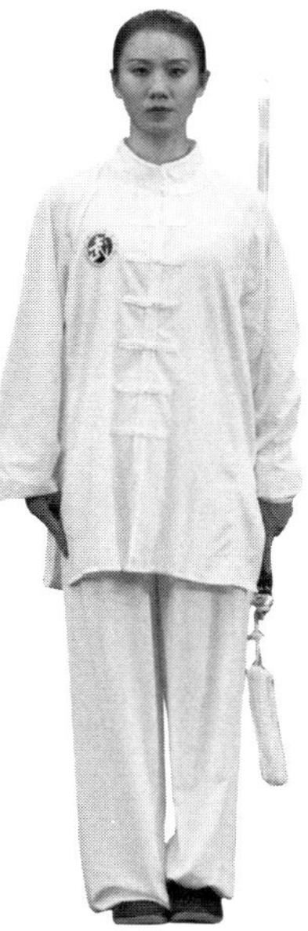

1.9 丁步

丁步 001

传统术语：丁步点剑（四十二式）。

现代术语：丁步点剑。

源流：四十二式太极剑第三十一式。

技法：点。

动作过程：（1）右脚向右前方上步，脚跟着地；同时，右手持剑向右摆举，剑尖向上；左手剑指合向右腕；目视右手方向。

（2）重心右移，左脚跟步，脚尖点地成左丁步；同时，右手持剑向右点击，手腕与胸同高；左手剑指附于右腕内侧；目视点剑方向。

动作要点：丁步与点剑要协调一致；力达剑锋。

丁步 002

传统术语：丁步托剑（四十二式）。

现代名称：丁步托剑。

源流：四十二式太极剑第二十式。

技法：托。

动作过程： 右脚向前上步，重心移至右腿，左脚跟步，脚尖点地成左丁步；同时，右手持剑向前、向上托剑，剑尖向右；左手剑指附于右腕内侧，手心向前；目视右手方向。

动作要点： 丁步与托剑要协调一致；力达剑身中部。

丁步 003

传统术语：怀中抱月（三十二式）。

现代术语：丁步回抽。

源流：三十二式太极剑第三十式。

技法：抽。

动作过程： 重心后移，右脚收至左脚内侧，脚尖点地成右丁步；同时，右手持剑回抽，置于左腹旁，剑尖斜向上，手心向内；左手剑指附于剑把上；目视剑尖方向。

动作要点： 力达剑首。

1.10 并步

并步 001

传统术语：白蛇吐芯（陈式）。

现代术语：并步刺剑。

源流：陈式四十九式太极剑第二十七式。

技法：刺。

动作过程：左脚上步，重心前移，右脚跟步成并步；同时，双手持剑向前平剑刺出，与胸同高；目视剑尖方向。

动作要点：并步与刺剑协调一致；力达剑尖。

并步 002

传统术语：海底擒鳖（吴式）。

现代术语：并步压剑。

源流：吴式六十四式太极剑第二十九式。

技法：压。

动作过程：（1）右脚向右前方上步，重心移至右腿，身体右转；同时，右手持剑向后穿剑；左手剑指向身体左侧平推；目视穿剑方向。

（2）向右转体90°，左脚扣步落于右脚旁成并步；同时，右手持剑经身体左侧下压至左膝外侧；左手剑指附于右腕内侧；目视压剑方向。

动作要点：右手持剑由上向下压剑；力达剑身。

并步 003

传统术语：蜻蜓点水（第三套国际竞赛套路）。

现代名称：并步点剑。

源流：第三套国际竞赛套路太极剑第二式。

技法：点。

动作过程：（1）左脚向左前方上步，重心前移成左弓步；同时，左手反持剑，右手剑指，双手经腹前向前划弧于体前相合，左手在外，剑身贴靠左前臂，右手虎口对剑柄准备接剑；目视弓步方向。

（2）重心前移，右脚落于左脚旁成并步；同时，右手接握剑柄，以腕关节为轴使剑尖由左后方经上向前划弧，剑尖与胸同高时提腕向前下方点剑；左手变剑指附于右前臂内侧；目视点剑方向。

动作要点：并步与点剑协调一致；力达剑锋。

2 步法

2.1 进步

进步 001

传统术语：左右车轮（杨式）。

现代术语：进步挂剑。

源流：杨式六十七式太极剑第三十八式、第三十九式。

技法：挂。

动作过程：（1）左脚向前上步，重心前移；同时，右手持剑向左下方划弧挂剑；左手剑指附于右前臂内侧；目视挂剑方向。

（2）重心前移，右脚上步，脚尖外展；同时，右手持剑经身体左侧向上、向前划弧挂剑；左手剑指附于右前臂内侧；目视挂剑方向。

（3）重心移至右腿；同时，右手持剑向右划弧挂剑；左手剑指附于右前臂内侧；目视挂剑方向。

动作要点：挂剑贴身立圆；力达剑身前部。

进步 002

传统术语：乌龙搅水（第三套国际竞赛套路）。

现代术语：进步绞剑。

源流：第三套国际竞赛套路太极剑第十七式。

技法：绞。

动作过程：（1）右脚向前上步，重心移至右腿；同时，右手持剑绞剑；左手剑指向下、向左落至左胯旁；目视剑尖方向。

（2）左脚向前上步，重心移至左腿；同时，右手持剑再次绞剑；左手剑指划弧侧举，手腕与肩同高；目视剑尖方向。

（3）右脚再向前上步成右弓步；同时，右手持剑继续绞剑并向前抹剑；左手剑指附于右前臂内侧；目视剑尖方向。

动作要点：绞剑时剑尖沿逆时针方向立圆绕环；力达剑身前部。

2.2 退步

退步 001

传统术语：倒卷肱（陈式）。

现代术语：退步撩剑。

源流：陈式四十九式太极剑第十九式。

技法：撩。

动作过程：（1）重心移至左腿，右脚向后退步；同时，右手持剑由身体左侧向右上方撩剑；左手剑指附于右前臂内侧；目视前方。

（2）重心移至右腿，左脚向后退步成半马步；右手持剑向左上方撩剑，手腕与头同高，剑尖向前；左手剑指始终附于右前臂内侧；目随剑转视前方。

动作要点：撩剑与撤步协调一致；力达剑身前部。

退步 002

传统术语：盖拦穿心（第三套国际竞赛套路）。

现代术语：退步回抽。

源流：第三套国际竞赛套路太极剑第八式。

技法：抽。

动作过程：左脚后撤，随即右脚向后退步，震脚踏地；同时，右手持剑回抽顶肘发力，手腕与胸同高；左手剑指附于右腕处；目视剑尖方向。

动作要点：退步踏震与回抽顶肘发力协调一致；力达肘尖。

2.3 上步

上步 001

传统术语：护膝剑（陈式）。

现代术语：上步撩剑。

源流：陈式四十九式太极剑第五式。

技法：撩。

动作过程：（1）身体左转，右脚向前上步；右手持剑向左前上方撩剑；左手剑指附于右腕内侧；目视剑尖方向。

（2）右脚尖外摆，重心移至右腿，左脚向前上步；同时，右手持剑随左脚上步向右前上方撩剑，置于头右上方，手心向外；左手剑指附于右腕内侧；目视上步方向。

（3）左脚尖外摆，重心移至左腿，右脚向前上步；同时，右手持剑随右脚上步向左前上方撩剑，剑尖向前；目视撩剑方向。

动作要点：撩剑与上步同时完成，上下相随，协调一致；力达剑身前部。

上步 002
传统术语：拨草寻蛇（陈式）。
现代术语：上步撩扫。
源流：陈式四十九式太极剑第十二式。
技法：撩、扫。

动作过程：（1）身体右转180°，重心移至右腿，左脚向前上步；同时，右手持剑向前划弧撩剑；左手剑指附于右前臂内侧；目视上步方向。

（2）身体左转180°，重心移至左腿，右脚向前扫腿；同时，右手持剑不停向后、向下撩剑至与腰同高时向前平扫，置于左膝斜上方；目随剑转视右前下方。

动作要点：左脚上步与撩剑协调一致，右脚扫腿与扫剑协调一致；力达剑身前部。

2.4 行步

行步 001

传统术语：行步穿剑（四十二式）。

现代术语：行步穿剑。

源流：四十二式太极剑第三十九式。

技法：穿。

动作过程：（1）左脚向前摆脚上步；同时，右手持剑向左穿剑，手心向上；左手剑指在胸前掤圆，手心斜向外；目视穿剑方向。

（2）重心移至左腿，身体右转，右脚向右前方摆脚上步；同时，右手持剑由左向右反穿；左手剑指外撑，与肩同高，手心向外；目视穿剑方向。

（3）重心移至右腿，身体继续右转，左脚扣脚上步；左手保持不变；右手持剑继续向右后方穿剑；目视穿剑方向。

（4）重复（2）（3）使行步穿剑环绕360°。

动作要点：行步共五步，环转360°；力达剑尖。

2.5 盖步

盖步 001

传统术语：乌龙摆尾（陈式）。

现代术语：盖步斩剑。

源流：陈式四十九式太极剑第二十二式。

技法：斩。

动作过程：（1）重心移至右腿，左脚抬起向左前方盖步震脚；同时，双手持剑向右下方划弧，随后上提至右肩前，剑尖斜向下，随盖步震脚向左下方发力斩剑，手腕与胯同高，剑尖向右前方；目视斩剑方向。

（2）重心移至左腿，右脚抬起向右前方盖步震脚；双手持剑向左下方划弧，随后上提至左肩前，剑尖斜向下，随盖步震脚向右下方发力斩剑，手腕与胯同高，剑尖向左前方；目视斩剑方向。

动作要点：震脚与斩剑协调一致；力达剑身中部。

2.6 跳踏步

跳踏步 001

传统术语：双震惊雷（第三套国际竞赛套路）。

现代术语：震脚下压。

源流：第三套国际竞赛套路太极剑第三十二式。

技法：压。

动作过程：（1）左脚后撤，重心后移，右脚脚前掌着地成右虚步；同时，右手持剑，左手剑指，双手向身体两侧分展，随即合于腹前，剑尖向前，手心向上；目视剑尖方向。

（2）右腿屈膝上提，左脚蹬地跳起，左脚、右脚依次下落震踏；同时，双手上托于胸前，剑尖向前，手心向上，随下落右手持剑立剑下压发力，手腕与腹同高，左手剑指落于腹前，手心向下；目视压剑方向。

动作要点：起跳与上托协调一致，震脚与下压协调一致；力达剑身。

跳踏步 002

传统术语：翻花舞袖（陈式）。

现代术语：跃起劈剑。

源流：陈式太极拳体系。

技法：劈。

动作过程：（1）重心移至左腿，右腿屈膝上提，左脚蹬地跳起，身体右转180°；同时，双手持剑向上提至左肩上方，剑尖斜向下；目视前方。

（2）右脚、左脚依次下落震踏，左脚在前，右脚在后；同时，双手持剑由上向下发力劈剑，手腕与胯同高，剑尖向前；目视劈剑方向。

动作要点：踏地与劈剑协调一致；力达剑身。

2.7 转身

转身 001

传统术语：青龙摆尾（陈式）。

现代术语：转身撩剑。

源流：陈式太极剑第十八式。

技法：撩。

动作过程：（1）重心移至左腿，右脚向后撤步成左弓步；同时，右手持剑向左预摆；左手剑指附于右前臂内侧；目视剑尖方向。

（2）重心后移，身体右转180°成右弓步；同时，右手持剑随重心移动向后转身撩击；左手剑指附于右前臂内侧；目视撩剑方向。

（3）重心后移至左腿；右手持剑随撩击惯性继续向右后方立圆划弧；左手剑指附于右前臂内侧；目视撩击方向。

（4）身体左转成半马步；同时，右手持剑随惯性向前撩击，置于右肩上方；左手剑指附于右前臂内侧；目视撩击方向。

动作要点：利用重心移动的惯性使剑在身体两侧撩击；力达剑身前部。

3 腿法

3.1 直摆

直摆 001
传统术语：云剑摆莲（四十二式）。
现代术语：摆莲腿云剑。
源流：四十二式太极剑体系。
技法：云。

动作过程：（1）重心移至左腿，右腿由左向右外摆踢腿；同时，右手持剑在头顶上方云剑；左手剑指附于右腕内侧；目随剑而视。

（2）右腿摆腿后提膝成左独立步；右手持剑落于右膝上方，剑尖斜向上，手心向下；左手剑指始终附于右腕内侧；目随剑摆动。

动作要点：摆莲腿膝关节伸直，脚尖过肩。

3.2 屈伸

屈伸 001

传统术语：反手势（吴式）。

现代术语：蹬脚劈剑。

源流：吴式六十四式太极剑第三十一式。

技法：劈。

动作过程：（1）重心移至左腿，右腿屈膝提起成左独立步；同时，右手持剑向右后方反手抽剑，手腕与头同高，剑尖斜向下；左手剑指与剑身平行向斜下方穿指；目视剑指方向。
（2）身体后仰，右脚前蹬；同时，右手持剑向右后方劈剑，手腕与肩同高；左手剑指上摆，指尖向上；目视劈剑方向。

动作要点：前蹬腿膝关节伸直；劈剑力达剑身。

屈伸 002
传统术语：蹬脚前刺（四十二式）。
现代术语：蹬脚前刺。
源流：四十二式太极剑第九式。
技法：刺。

动作过程： 左腿独立，右腿屈膝提起向前蹬出；同时，双手捧剑稍回引后随蹬脚向前平刺；目视剑尖方向。

动作要点： 蹬脚高于水平；力达剑尖。

屈伸 003
传统术语：分脚后点（四十二式）。
现代术语：分脚后点。
源流：四十二式太极剑第二十一式。
技法：点。

动作过程： 重心移至左腿，右腿屈膝提起向前分脚；同时，右手持剑向身体右后45° 点剑，手腕与肩同高，剑尖斜向下；左手剑指架于左额斜上方，手心斜向上；目视点剑方向。
动作要点： 分脚脚尖绷直；点剑力达剑锋。

屈伸 004

传统术语：箭似离弦（第三套国际竞赛套路）。

现代术语：侧蹬下截。

源流：第三套国际竞赛套路太极剑第三十三式。

技法：截。

动作过程： 重心移至左腿，右腿屈膝回收，随即向右下方蹬踹；同时，右手持剑向右下方截击发力；左肘后顶，左手剑指收于左肩前方；目视截剑方向。

动作要点： 侧踹蹬腿与截剑、顶肘协调一致；力达脚跟。

屈伸 005

传统术语：白云盖顶（第三套国际竞赛套路）。

现代术语：蹬脚架剑。

源流：第三套国际竞赛套路太极剑第二十四式。

技法：架。

动作过程：（1）重心移至右腿，左腿屈膝提起成右独立步；同时，右手持剑架于右额上方，手心向外；左手剑指附于右臂内侧；目视前方。

（2）左脚向前蹬出；右手保持架剑姿势不变；左手剑指向前推出，手腕与肩同高，手心向外；目视蹬脚方向。

动作要点：蹬脚腿膝关节伸直，脚尖高于肩；架剑力达剑身。

3.3 其他

其他 001

传统术语：雀地龙（陈式）。

现代术语：跌叉。

源流：陈式太极拳体系。

技法：架。

动作过程： 左脚向前蹬脚跌叉；同时，右手持剑架于右额斜上方，剑尖向前；左手剑指向前推出，手心向前，指尖向上；目视剑指方向。

动作要点： 跌叉与架剑协调一致；力达剑身。

4 平衡

屈蹲 001

现代术语：前举腿低势平衡。

源流：太极拳难度动作体系。

技法：单腿屈蹲。

动作过程： 一腿支撑，另一腿向身体正前方蹬脚，支撑腿屈膝下蹲；同时，右手持剑向身体前方刺剑；左手剑指附于右前臂处；目视刺剑方向。

动作要点： 支撑腿大腿低于水平，平衡腿高于水平；左右腿均可选做。

屈蹲 002
现代术语：前蹬踩脚低势平衡。
源流：太极拳难度动作体系。
技法：单腿屈蹲。

动作过程： 一腿支撑，另一腿前踩侧蹬，支撑腿屈膝下蹲；同时，右手持剑向身体前方刺剑；左手剑指附于右前臂内侧；目视刺剑方向。

动作要点： 支撑腿大腿低于水平，平衡腿高于水平；左右腿均可选做。

屈蹲 003

现代术语：后插腿低势平衡。

源流：太极拳难度动作体系。

技法：单腿屈蹲。

动作过程：（1）一腿支撑，另一腿经支撑腿后向前插腿，支撑腿屈膝下蹲；同时，右手持剑向左下方刺剑；左手剑指附于右前臂上；目视刺剑方向。

（2）右手持剑向右斜上方削剑；左手剑指按于左斜下方；目视剑指方向。

动作要点：支撑腿大腿低于水平，插出腿脚不可触地；手不可扶按支撑腿；左右腿均可选做，左腿插腿时左手持剑。

5 跳跃

5.1 直体

直体 001

传统术语：二起脚。

现代术语：腾空飞脚。

源流：武术基本功技术动作体系。

技法：踢。

动作过程： 右脚向前上步，蹬地跳起腾空，随即右脚向上弹踢；左手反持剑；右手迎击右脚面；目视前方。

动作要点： 击响腿伸直，脚尖过肩，击拍响亮、准确。

直体 002
现代术语：腾空正踢腿。
源流：武术基本功技术动作体系。
技法：踢。

动作过程： 右脚向前上步，蹬地跳起腾空，随即右脚向上摆踢，脚尖触及前额；左手或右手持剑均可；目视前方。
动作要点： 左腿始终保持膝关节伸直。

5.2 垂转

垂转 001

现代术语：旋风脚。

源流：武术基本功技术动作体系。

技法：里合踢。

动作过程： 双脚蹬地跳起腾空，身体绕垂直轴沿逆时针方向旋转，右脚里合上踢；同时，左手迎击右脚脚底；右手持剑上刺。

动作要点： 击响脚脚尖过肩，击拍响亮；刺剑清晰。

垂转 002

现代术语：腾空摆莲。

源流：武术基本功技术动作体系。

技法：外摆踢。

动作过程： 双脚蹬地跳起腾空，身体绕垂直轴沿顺时针方向旋转，右脚外摆上踢；同时，左手迎击右脚脚面；右手持剑在头顶云剑。

动作要点： 击响腿脚尖过肩，击拍响亮；云剑清晰。